Marcus Zeitz

Virtuelle Private Netzwerke

Entwurf eines Modells zum Fernzugriff auf Betriebsdaten mittels VPN am Beipsiel einer
AVM Fritz!Box WLAN7270

GRIN - Verlag für akademische Texte

Der GRIN Verlag mit Sitz in München hat sich seit der Gründung im Jahr 1998 auf die Veröffentlichung akademischer Texte spezialisiert.

Die Verlagswebseite www.grin.com ist für Studenten, Hochschullehrer und andere Akademiker die ideale Plattform, ihre Fachtexte, Studienarbeiten, Abschlussarbeiten oder Dissertationen einem breiten Publikum zu präsentieren.

Dokument Nr. V117082 aus dem GRIN Verlagsprogramm

Marcus Zeitz

Virtuelle Private Netzwerke

Entwurf eines Modells zum Fernzugriff auf Betriebsdaten mittels VPN am Beipsiel einer AVM Fritz!Box WLAN7270

GRIN Verlag

Bibliografische Information der Deutschen Nationalbibliothek: Die Deutsche Bibliothek
verzeichnet diese Publikation in der Deutschen Nationalbibliografie; detaillierte bibliografische Daten sind im Internet über http://dnb.d-nb.de/ abrufbar.

1. Auflage 2008
Copyright © 2008 GRIN Verlag
http://www.grin.com/
Druck und Bindung: Books on Demand GmbH, Norderstedt Germany
ISBN 978-3-640-19471-1

FOM

Fachhochschule für Oekonomie und Management

Neuss

Hausarbeit

Virtuelle Private Netzwerke

Entwurf eines Modells zum Fernzugriff auf

Betriebsdaten mittels VPN am Beispiel einer

AVM Fritz!Box WLAN7270

---

von:

Marcus Zeitz

Inhaltsverzeichnis

Abkürzungsverzeichnis

BIT	Binary Digit
CHAP	Challenge Handshake Authentication Protocol
DES	Data Enccryption Standard
DHCP	Dynamic Host Configuration Protocol
DynDns	Dynamic Domain Name System
GRE	Generic Routing Encapsulation
HMAC	Hash-based Message Authentication Code
IETF	Internet Engineering Task Force
IKE	Internet Key Exchange
IP	Internet Protocol
IPSec	Internet Security Protocol
IPv4	Internet Protocol Version 4
IPv6	Internet Protocol Version 6
IPX	Internetwork Packet Exchange
LAN	Lokal Area Network
L2F	Layer 2 Forwarding
L2TP	Layer 2 Tunneling Protocol
MIPS	Millionen Instruktionen pro Sekunde
PAP	Password Authentication Protocol
PC	Personal Computer
PPP	Point to Point Protocol
PPTP	Point to Point Tunneling Protocol
SLA	Service Level Agreement
TCP/IP	Transmission Control Protocol/Internet Protocol
VPN	Virtuelles Private Netzwerk
WAN	Wide Area Network
WLAN	Wireless Local Area Network
WPA	Wifi Protected Access

Abbildungsverzeichnis

1 Einleitung

In der heutigen Zeit ist eine zunehmende internationale Verflechtung der Märkte zu verzeichnen, wodurch nationale Grenzen nahezu völlig verschwinden und Interaktion nicht ausschließlich nationale Märkte betreffen.

Durch diese Globalisierung der Märkte ist es notwendig, Außendienstmitarbeitern oder dauerhaft mobilen Mitarbeitern, grenzüberschreitend eine Arbeitsplattform zu bieten, die es ihnen jederzeit, unabhängig vom derzeitigen Aufenthaltsort, eine Kommunikation wie im eigenen Büro ermöglicht.[1] Es muss ihnen ermöglicht werden, jederzeit flexibel an verschiedenen Standorten der Welt gemeinsam auf Daten, Informationen oder Applikationen des Unternehmens zuzugreifen, um ihre Geschäftstätigkeit effizient ausführen zu können.[2]

Über die Kommunikation und den reinen Informationsbedarf hinaus lassen sich ebenso Geschäftsprozesse mit modernen, integrierten Systemen effektiv und kostengünstig abwickeln. Dabei sorgen flexible Netzwerksysteme dafür, dass der Zugriff auf die Unternehmensressourcen jederzeit möglich ist. Fest verdrahtete Lösungen waren bisher wenig flexibel und sehr wartungsintensiv, was, ebenso wie der eigentliche Auf- und Ausbau eines solchen Netzwerkes, sehr kostenintensiv ist.[3] Daher wird heute meist das gut ausgebaute öffentliche Netz (Internet) als Transportweg genutzt, um so eine vorhandene, gut ausgebaute Infrastruktur zur Kommunikation zu nutzen.[4]

Eine mögliche Lösung, eine solche Kommunikation zu gewährleisten, ist das in dieser Arbeit erläuterte auf dem Internet Protokoll basierende virtuelle private Netzwerk (IP VPN). Im begrenzten Rahmen der Studienarbeit ist es nicht möglich, auf alle verfügbaren Technologien der einzelnen VPN Varianten einzugehen, die eine Verbindung zu einem Firmennetzwerk oder einem Fernzugang herstellen.

Vielmehr gibt die Arbeit einen Überblick über die generelle Anforderung an einem VPN, sowie eine kundenspezifische Lösung zur Übermittlung von Betriebsdaten über ein VPN, welches über einen Fernzugang für einen Benutzer mittels einer AVM Fritz!Box vom Typ WLAN7270 mit PPTP realisiert wird.

---

[1] Vgl. Höreth (2001), Seite 1[ ].
[2] Vgl. Buckbesch & Köhler, Seite 5 f[ ].
[3] Vgl. Comer (2003), passim[ ].
[4] Vgl. ebd., passim[ ].

2 Anforderungen an ein VPN

Private Netzwerke nutzen eigens gemietete Leitungen, die nur für ihre Kommunikation zur Verfügung stehen. Bei virtuellen privaten Netzen wird immer häufiger diese exklusive Leitung durch das öffentliche Netz, dem Internet, ersetzt.[5] Dies hat, im Gegensatz zur exklusiven Leitung, den Nachteil, dass nun nicht mehr nur die eigene netzinterne Kommunikation über diese Leitung stattfindet. Daraus folgt, dass hohe Anforderungen an die Sicherheit von virtuellen privaten Netzwerken bestehen.

2.1 Sicherheit

Ziel eines virtuellen privaten Netzwerkes ist ein Datenaustausch zwischen Rechnern, also die Daten oder Applikationen über den lokalen Standort des Netzwerkes hinaus zur Verfügung zu stellen. Überall dort, wo eine Kommunikation über das Internet stattfinden kann, besteht die Möglichkeit, dass sensible, vertrauliche Daten übermittelt werden. Dieser Umstand macht deutlich, dass das Thema Sicherheit bei einem VPN einen zentralen Aspekt darstellt.

2.1.1 Grundlagen der Kryptographie

Kryptographie setzt sich aus den beiden griechischen Wörtern „kryptós" (verborgen) und „gráphikos" (schreiben) zusammen und ist die Wissenschaft der Geheimhaltung von Daten durch Verschleierung oder Verschlüsselung der Informationen.[6]

2.1.1.1 Datenvertraulichkeit

Die Kryptographie wird genutzt, um Daten zwischen Sender und Empfänger zu schützen, um so einen bestimmten Grad an Vertraulichkeit der Informationen zu gewährleisten. Die Daten werden derart verändert, dass ein unbefugter Zugriff auf diese Daten für einen Dritten keinen Nutzen hat, weil die Art und der Inhalt der Informationen nicht im Klartext vorliegen. Mit steigender Rechnergeschwindigkeit nimmt die Lebensdauer der in verschlüsselter Form vorliegenden Daten stetig ab.

---

[5] Vgl. Kono (2007), passim[ ].
[6] Vgl. Plötner & Wendzel (2007), Seite 537[ ].

Mit steigenden MIPS (Millionen Instruktionen Pro Sekunde) steigt auch das Risiko, dass verschlüsselte Daten dekodiert werden können.[7]

2.1.1.2 Kryptoanalyse

Die Kryptoanalyse ist die Kunst, verschlüsselte Daten wieder lesbar zu machen[8], wobei sich dies nicht auf das Erzeugen des Klartextes einer verschlüsselten Nachricht bezieht, sondern auf das Auffinden des zur Verschlüsselung verwendeten Schlüssels. Alle heutigen Chiffrierverfahren basieren auf geheimgehaltene Schlüssel zum Ver- und Entschlüsseln, womit der Schlüssel das Hauptangriffsziel für potentielle Angreifer ist.

2.1.1.3 Verschlüsselungsverfahren

Grundsätzlich gibt es zwei verschiedene Arten von Verschlüsselungsverfahren, einerseits die symmetrische und andererseits die asymmetrische Verschlüsselung.[9]

2.1.1.3.1 Symmetrische Verschlüsselung

Kennzeichen einer symmetrischen Verschlüsselung ist die Verwendung derselben geheimzuhaltenden Schlüssel (Secret Key) zur Ver- und Entschlüsselung.[10] Sender und Empfänger vereinbaren vor dem eigentlichen Datenaustausch einen gemeinsamen Schlüssel, mit dem die Nachricht zuerst vom Sender kodiert und anschließend vom Empfänger wieder dekodiert

Quelle: In Anlehnung an Lipp (2006), Seite 113[ ].

Abbildung 1: Symmetrische Verschlüsselung

wird. Die Sicherheit dieses Verfahrens hängt ausschließlich von der Länge und Vertraulichkeit des Schlüssels ab.

---

[7] Vgl. Scott et al. (1999), Seite 30[ ].

[8] Vgl. Böhmer (2005), Seite 89[ ].

[9] Vgl. Plötner & Wendzel (2007), Seite 544 ff[ ].

[10] Vgl. Lipp (2006), Seite 113 [ ].

2.1.1.3.2 Asymmetrische Verschlüsselung

Das asymmetrische Verschlüsselungsverfahren verwendet zwei unterschiedliche Schlüssel zum Kodieren und Dekodieren der Informationen. Das Verschlüsseln der Daten erfolgt durch den bekannten, öffentlichen Schlüssel (Public Key), der dem Sender und dem Empfänger bekannt ist. Zum Dekodieren wird ein privater Schlüssel (Private Key) verwendet, der nur dem Empfänger bekannt ist. Öffentlicher und privater Schlüssel sind ein fest zueinander gehörendes Schlüsselpaar. Die beiden Schlüssel werden mit einem nicht reversiblen mathematischen Verfahren vonein-

Quelle: In Anlehnung an Lipp (2006), Seite 115[ ].

Abbildung 2: Asymmetrische Verschlüsselung

ander abgeleitet. Eine mit einem öffentlichen Schlüssel kodierte Nachricht oder Information kann ohne den zugehörigen privaten Schlüssel nicht mehr entschlüsselt werden. Asymmetrische Verschlüsselungsverfahren sind wesentlich langsamer als symmetrische Verschlüsselungsverfahren, weshalb sie nur selten zum Verschlüsseln von Nutzdaten verwendet werden. In der Praxis wird das asymmetrische Verschlüsselungsverfahren dazu verwendet, einen sicheren Schlüssel für die symmetrische Verschlüsselung zu generieren.[11]

2.1.2 Tunneling

Einer der kostengünstigsten Möglichkeiten Daten zu transportieren, ist das Internet mit seinen vorhandenen, gut ausgebauten Infrastruktur als Transportmedium zu nutzen. Dieses öffentliche Netzwerk basiert ausschließlich auf der Protokollfamilie TCP/IP. Da nicht alle Unternehmen TCP/IP Protokolle verwenden, ist es notwendig, die Übertragung unterschiedlicher Protokolle und Anwendungen über ein Trägerprotokoll zu ermöglichen.[12] Diese Anforderung ist das Grundprinzip des Tunnelings. Anwendungsdatenpakete eines Netzwerkprotokolls werden in das Transportprotokoll verpackt (Encapsulation).[13] Neben dem „Verpacken" verschiedener Protokolle ist die Verschlüsselung der Daten ein weiterer Vorteil des Tunnelings.

---

[11] Vgl. Lipp (2001), Seite 112[ ].
[12] Vgl. Schreiner (2006), Seite 126[ ].
[13] Vgl. Buckbesch & Köhler (2001), Seite 21 f[ ].

Ohne Tunneling könnte der
komplette Datenverkehr über
dem öffentlichen Netz „mit-
gehört" werden. Die ver-
schlüsselte Verbindung ist wie
ein Tunnel durch das Internet,
der von außen durch Unbefugte

Quelle: In Anlehnung an Schreiner (2006), Seite 127[ ].

Abbildung 3: Prinzip Tunneling

nicht einfach durchdringbar ist. Sicheres Tunneling wird meist erst durch eine
Kombination der einzelnen Protokolle erreicht. Im Folgenden werden die gängigsten,
für ein VPN notwendigen Protokolle erläutert.

2.1.2.1 GRE

Das Generic Routing Encapsulation Protokoll (GRE) ist ein von der Firma Cisco
Systems entwickeltes Netzwerkprotokoll. Seit der Veröffentlichung 1994 dient dieses
Netzwerkprotokoll als Vorbild für viele andere namhafte, moderne Protokolle. Kern-
funktion dieses Protokolls ist es, andere Netzwerkprotokolle zu kapseln und in Form
eines Tunnels über das Internet Protokoll zu übertragen.[14]

2.1.2.2 PPP

Mit dem Point to Point Protocol (PPP) ist es möglich, verschiedene Netzwerkprotokolle, wie zum Beispiel IP, IPX oder Appletalk, über eine Punkt zu Punkt Verbindung zu übertragen.[15] Damit eröffnet sich erstmalig die Möglichkeit, eine Verbindung
zwischen Produkten verschiedener Hersteller, wie beispielsweise Novell (IPX) und
Apple (Appletalk) herzustellen.[16] PPP kapselt die Pakete verschiedener Protokolle
in einem PPP-Paket und überträgt diese in einer seriellen Punkt zu Punkt Verbindung. Hierfür wird eine synchrone oder asynchrone Vollduplexleitung benötigt. PPP
wird oftmals für den Internet Zugang über eine Wählleitung eingesetzt. Zur Authentifizierung werden das Password Authentication Protocol (PAP) und das Challen-
ge Handshake Authentication Protocol (CHAP) unterstützt.[17] PAP ist ein einfa-
ches Authentifizierungsprotokoll, welches entweder nach dem Ein- oder Zwei-Wege

---

[14] Vgl. Böhmer (2005), Seite 207 f[ ].
[15] Vgl. Stein (2001), Seite 340 f[ ].
[16] Vgl. Lipp (2006), Seite 295 f[ ].
[17] Vgl. Böhmer (2005), Seite 164[ ].

Handshake Verfahren die Benutzerkennung verifiziert. In beiden Verfahren werden Kennwort und Benutzername im Klartext übermittelt. Beim Zwei-Wege Handshake wird nach dem Verbindungsaufbau eine Verifizierung der Benutzerkennung durchgeführt. Das Ein-Wege Handshake Verfahren versendet vor dem Verbindungsaufbau Benutzername und Passwort. Wird die Benutzerkennung als gültig erkannt, wird eine Verbindung aufgebaut, ansonsten bricht der Server die Verbindung ab.[18] Beim CHAP wird auf das Versenden eines Passwortes im engeren Sinne verzichtet. Das Verfahren authentifiziert einen Benutzer, indem mehrfach Frage / Antwort Sequenzen vom Authentifizierungsserver ausgelöst werden, die sich aus einer Zufallszahl und einem Benutzerpasswort berechnen. Eine erfolgreiche Authentifizierung kann nur erfolgen, indem im Vorhinein anderweitig auf beiden Seiten identische, valide Benutzerkennungen mit den dazugehörigen Passwörtern eingetragen werden.[19]

2.1.2.3 PPTP

Das Point to Point Tunneling Protocol (PPTP) stellt eine Erweiterung des Point to Point Protokoll (PPP) dar und ist in einer Zusammenarbeit mehrerer namhafter Firmen, unter anderem Microsoft und 3Com, entwickelt worden.[20] Es ist bereits seit Windows95 fester Bestandteil der Betriebssysteme von Microsoft. Um PPTP zu realisieren, ist das Point to Point Protocoll mit einem Generic Routing Encapsulation (GRE) Header gekapselt und mit einem zusätzlichen Tunnel IP Header versehen worden. Damit ermöglicht PPTP technologisch einfache Fernzugriffe auf Netzwerke verschiedener Hersteller. Häufig wird PPTP für den Internetzugang im Endanwenderbereich eingesetzt.[21] Unter Verwendung des PPTP kann ausschließlich eine Verbindung gleichzeitig aufgebaut werden.

2.1.2.4 L2F

Das Layer 2 Forwarding Verfahren von Cisco Systems ist zur gleichen Zeit wie das PPTP entwickelt worden und stellt einen offiziell anerkannten Standard der Internet Engineering Task Force (IETF) dar. L2F ermöglicht den Aufbau eines VPN über das Internet, indem es die Verbindung zwischen dem entfernten Arbeitsplatzrechner

---

[18] Vgl. Träger & Volk, Seite 304[ ].
[19] Vgl. Lipp (2006), Seite 299[ ].
[20] Vgl. Böhmer (2005), Seite 211[ ].
[21] Vgl. ebd., Seite 212[ ].

und dem unternehmensinternen Lokal Area Network (LAN) „tunnelt". Dabei ist das Protokoll nicht nur an das Internet Protokoll gebunden, sondern unterstützt noch weitere Protokolle wie beispielsweise Frame Relay.[22] Zur Client Authentifizierung wird das Point to Point Protokoll verwendet. Ein großer Vorteil des L2F ist die Unterstützung mehrerer gleichzeitiger Verbindungen.

2.1.2.5 L2TP

Layer 2 Transport Protocol (L2TP) ist ein Industriestandard[23] und wird häufig in der Bürokommunikation eingesetzt, da seit Windows2000 dieses Protokoll in allen Windows Betriebssystemen integriert ist. Das Protokoll ist eine Mischform der beiden Vorgänger L2F und PPTP. Es vereint die Vorteile jedes einzelnen Protokolls in einem neuen leistungsfähigeren Protokoll. L2TP hat keine eigenen Sicherheitsmechanismen, sondern ist ein reines Tunnelprotokoll, welches aber zusätzlich Verfahren wie IPSec (siehe Kapitel 2.1.2.6 IPsec) zur Verbindungsabsicherung oder PPP unterstützte Verfahren zur Authentifizierung nutzen kann.[24]

2.1.2.6 IPSec

Das von der IETF entwickelte Internet Security Protocol (IPSec) ist die Erweiterung des TCP/IP Protokolls um Authentifizierung und Verschlüsselung. Damit ist es gelungen, dass Netz selber und alle darauf aufbauenden Komponenten sicher zu gestalten. IPSec stellt verschiedene Sicherheitsdienste für das IPv4 und ebenfalls für das künftige IPv6 bereit.[25] IPSec ermöglicht die Verschlüsselung der Daten mit den unterschiedlichen Algorithmen und Schlüssellängen. Voraussetzung dafür ist die Einigung der an der Kommunikation beteiligten Gegenstellen auf ein Verfahren. Aus diesem Grund existiert der Data Encryption Standard (DES), ein Verschlüsselungsalgorithmus mit einer festen Schlüssellänge von 56 Bit, der von jeder IPSec Implementierung unterstützt werden muss. Der Schlüssel wird mit einem asymmetrischen Verschlüsselungsverfahren erzeugt und übertragen. Dieses Internet Key Exchange (IKE) Protokoll ist nicht nur für das Schlüsselmanagement zuständig, es erledigt ebenso die Aushandlung und Konfiguration der IPSec Sicherheitsassoziati-

---

[22] Vgl. Böhmer (2005), Seite 210[ ].
[23] Vgl. Lipp (2006), Seite 217[ ].
[24] Vgl. Buckbesch & Köhler (2001), Seite 37[ ].
[25] Vgl. Scott et al. (2001), Seite 32 f[ ].

on und deren Authentifizierung.[26] Um die Datenintegrität zu wahren, sind in IPSec
zwei Prüfsummen Pflicht, die durch ihre Hashwerte berechnet werden. Diese so ge-
nannten Hash-based Message Authentication Codes (HMAC) basieren auf einen
Algorithmus, der einen Wert aus den zu schützenden Daten und Schlüssel erzeugt,
welcher nicht mehr zurückrechenbar ist. Beide Codes arbeiten mit einem symmetrischen Schlüssel mit einer Länge von 128 Bit. IPSec realisiert die Authentifizierung
nur auf Netzwerkebene, dass heißt es werden nur IP-Systeme identifiziert, nicht aber
der Benutzer oder die Applikation als solche.[27] IPSec stellt zwei verschiedene Ver-
schlüsselungsmodi zur Verfügung, den Transportmodus und den Tunnelmodus. Im
Transportmodus wird nur der Nachrichtentext, nicht aber der IP Header geschützt.
Im Tunnelmodus werden sowohl Nutzdaten als auch IP Header verborgen.

2.2 Verfügbarkeit

Soll mit einer VPN Verbindung eine andere Netzwerktechnik ergänzt oder gar ersetzt werden, so ist im Vorfeld zu klären, welche Verfügbarkeit das Netz besitzen
soll. Traditionell verfügen viele Unternehmen über Festverbindungen, die mit 99,99%
eine extrem hohe Verfügbarkeit haben. Allerdings sind diese Festverbindungen aus
der Historie heraus gewählt, da zum derzeitigen Stand der Technik keine wirkli-
chen Alternativen vorhanden waren und nicht, weil eine extrem hohe Verfügbarkeit
gefordert war. Um eine Mindestverfügbarkeit zu ermitteln, muss genau analysiert
werden, welche Applikationen in welchem Umfang benutzt werden und welche Fol-
gen und Kosten ein Verbindungsabbruch nach sich zieht. Fällt ein VPN häufig zur
ungenutzten Zeit aus, kann diese Qualitätseinbuße akzeptiert werden, da niemand
die Verfügungseinbußen bemerkt. Werden Verträge mit einzelnen oder mehreren
Providern geschlossen, die untereinander kooperieren, ist es möglich einen Vertrag
mit garantierter Mindestverfügbarkeit (SLA) abzuschließen, um so zur Geschäftszeit
eine fehlerfreie Verbindung gewährleisten zu können.

---

[26] Vgl. Stein (2001), Seite 400 f[ ].
[27] Vgl. Lipp (2001), Seite 95[ ].

2.3 Erweiterbarkeit

Bei der Erstellung eines Konzeptes ist zu beachten, inwieweit dies eine Endlösung darstellt oder ob eine Erweiterbarkeit des Konzepts erforderlich sein könnte. Spätere Änderungen am Konzept sind zwangsläufig immer mit höheren Kosten und gesteigertem Arbeitsaufwand verbunden. Die Möglichkeit durch VPN Übertragungskosten einzusparen, steigert das Bestreben vorhandene WAN-Anbindungen durch VPN basierende Lösungen zu realisieren.[28] Dies verdeutlicht, dass bei der Planung Konzepte entwickelt werden müssen, die problemlos erweiterbar sind.

3 Betriebsdatenübermittlung per VPN

Damit eine problemlose Verbindung zu einem entfernten Netzwerk hergestellt werden kann, müssen einige wesentliche Rahmenbedingungen für das VPN erfüllt sein. Im Folgenden werden die Bedingungen sowie die Einrichtung eines Fernzugangs für den Benutzer zu einem Firmennetzwerk über IP VPN (End to Site VPN) beschrieben. Auf Client und Server Seite ist das Windows Betriebssystem XP Professional mit dem Service Pack 2 installiert. Zur Verbindung des Clients zum Firmennetzwerk wird das PPTP verwendet.

3.1 Rahmenbedingungen für VPN

Bei der Verbindung von Netzwerken verschiedener Hersteller oder Betriebssystemen kommt es des Öfteren zu Inkompatibilitäten. Virtuelle private Netzwerke bringen den Vorteil, Protokolle unterschiedlicher Hersteller in einem für beide Seiten lesbaren Protokoll zu kapseln, so dass eine fehlerfreie Kommunikation möglich ist (siehe Kapitel 2.1.2.2 Point to Point Protokoll).

3.1.1 Hardwarevoraussetzung

Um eine VPN Verbindung herstellen zu können, ist der Zugang zum Internet über einen Provider der wichtigste Bestandteil. Da die Erstinstallation sowie die Konfigu-

---

[28] Vgl. Buckbesch & Köhler (2001), Seite 108[ ].

ration des Internetzugangs aufgrund der Vielzahl vorhandener Provider sehr individuell ist, sind diese Einstellungen nicht Bestandteil dieser Arbeit. Ein vorhandener Breitbandanschluss sowie die Konfiguration zur Einwahl ins Internet werden als vorhanden vorausgesetzt. Im Lieferumfang der verwendeten Fritz!Box sind alle notwendigen Hardwarevoraussetzungen und detaillierte Installationshilfen enthalten. Nicht alle Router unterstützen VPN Verbindungen und die dazu notwendigen Funktionen. Folgende Mindestanforderungen müssen vom Router unterstützt werden, damit eine VPN Verbindung aufgebaut werden kann[29]:

- Tunnelprotokoll wie L2TP, PPTP oder IPSec

- VPN Funktion Client to LAN oder LAN zu LAN

- Verschlüsselungsalgorithmen wie DES

- Schlüsselmanagement, manuelle Konfiguration oder mit IKE

- Authentisierungsprotokolle wie PAP oder CHAP

- Protokoll Support wie Internet Protokoll der Version 4 und wenn möglich sogar zusätzlich Version 6

Bei dem im Folgenden verwendeten Router handelt es sich um ein neues Modell der Firma AVM (Stand: 01.06.2008) mit der Typbezeichnung: Fritz!Box Fon WLAN 7270. Dieser Router bietet sowohl die Möglichkeit einen Fernzugang für einen Benutzer, als auch über den integrierten VPN Server eine Lösung zur gleichzeitigen Verwendung mehrere Benutzer einzurichten.

3.1.2 Softwarevoraussetzung

Alle nachfolgend angegebenen Informationen bezüglich der Software, Firmware und Hardware beziehen sich auf den Stand vom 01.06.2008. Bevor mit der Konfiguration der Fritz!Box begonnen werden kann, muss ein Firmwareupdate der Fritz!Box durchgeführt werden, da die VPN Funktionalität bei der Auslieferung des Gerätes nicht installiert ist. Die aktuellste Firmware Version 54.04.57 vom 07.05.2008 wird von der Firma AVM kostenlos zur Verfügung gestellt.[30]

---

[29] Vgl. Buckbesch & Köhler (2001), Seite 109[ ].
[30] Vgl. AVM (2008), passim[ ].

3.2 Konfiguration der AVM Fritz!Box WLAN 7270

Beim Anschluss der Fritz!Box an den PC ist darauf zu achten, dass der LAN Anschluss am PC die IP Adresse automatisch bezieht, da im Auslieferungszustand der DHCP Server des Routers aktiviert ist. Eine statisch vergebene IP Adresse des LAN Anschlusses könnte dazu führen, dass sich Router und PC nicht im selben Subnetz befinden und eine Kommunikation unmöglich ist. Der Router ist im Auslieferungszustand unter der IP Adresse 192.168.178.1 zu erreichen. Das Menü der Fritz!Box lässt sich von jedem Ordner oder Internet Browser aufrufen. Im Grundmenü stehen zahlreiche Assistenten zur Verfügung, die die Installation vereinfachen. Damit eine manuelle Konfiguration erfolgen kann, und der Zugriff auf alle Menüpunkte gewährt wird, muss die Expertenansicht aktiviert werden. Die Aktivierung ist wie folgt zu erreichen:

- Aufrufen der Benutzeroberfläche mit *192.168.178.1*

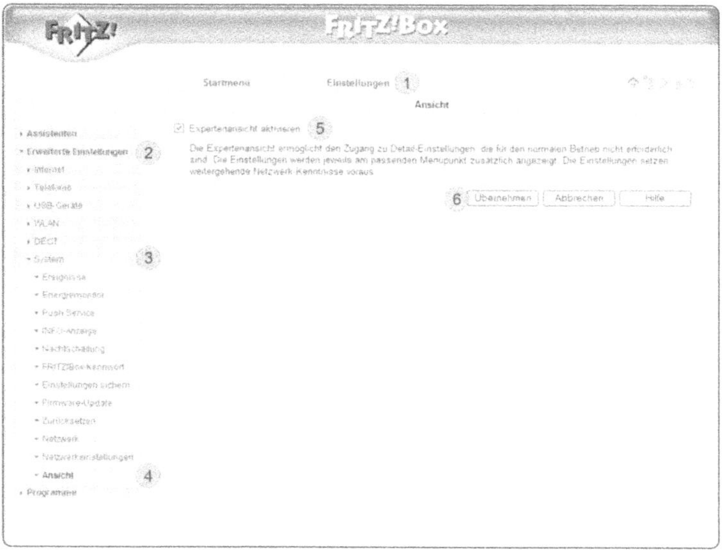

Abbildung 4: Expertenansicht aktivieren

- Unter ⇒Einstellungen (1) im Menü ⇒Erweiterte Einstellungen (2) ⇒System (3) ⇒*Ansicht* (4) auswählen

- *Expertenansicht aktivieren* auswählen (5)

- Mit *Übernehmen* werden die Änderungen gespeichert (6).

3.2.1 Firmware Update

Wie im Kapitel 3.1.2 Softwarevoraussetzung beschrieben, ist zunächst eine Softwareaktualisierung der Fritz!Box notwendig. Nach dem Herunterladen der neuesten Firmware kann diese wie folgt installiert werden:

- Aufrufen der Benutzeroberfläche mit *192.168.178.1*

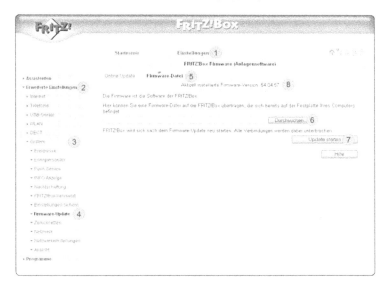

Abbildung 5: Aktualisierung Firmware auf Version 54.04.57

- Unter ⇒Einstellungen (1) im Menü ⇒Erweiterte Einstellungen (2) ⇒System (3) ⇒*Firmware-Update* (4) auswählen

- Das Menü *Firmware-Datei* auswählen (5)

- Mit *Durchsuchen* lokal gespeicherte Firmware auswählen (6)

- *Update starten* (7)

Ein erfolgreich durchgeführtes Update wird nach dem automatischen Neustart der Fritz!Box im selben Fenster angezeigt (siehe (8) in Abbildung 5).

3.2.2 Konfiguration LAN/WLAN

Damit alle Rechner im lokalen Netzwerk den selben IP Adressbereich verwenden, ist es eventuell notwendig, die IP Adressvergabe des Dynamic Host Configuration Protocol (DHCP) Servers anzupassen. Da die Fritz!Box in ein lokales Netz eingebunden wird, in dem sich Netzwerkteilnehmer mit statischen IP Adressen befinden (wie zum Beispiel Fax, Drucker und Repeater), wird der DHCP Server dem Adressbereich 192.168.10.20 - 192.168.10.200 angepasst. Im Auslieferungszustand trennt die Fritz!Box den IP Adressbereich für Wireless LAN und LAN. Folgende Einstellungen sind durchzuführen, damit der IP Adressbereich angepasst und sich LAN und WLAN im gleichen Subnetz 192.168.10.x befinden:

• Aufrufen der Benutzeroberfläche mit *192.168.178.1*

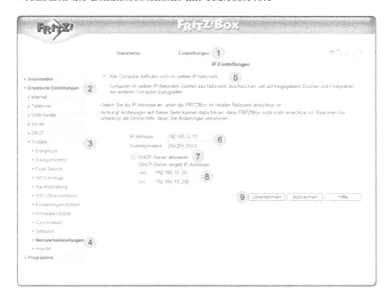

Abbildung 6: IP Adressbereich einstellen

- Unter ⇒Einstellungen (1) im Menü ⇒Erweiterte Einstellungen (2) ⇒System (3) ⇒*Netzwerkeinstellungen* (4) auswählen

- *Alle Computer befinden sich im selben Netzwerk* aktivieren (5)

- IP Adresse von *192.168.178.1* auf *192.168.10.10* ändern (6)

- Subnetzmaske wird automatisch auf 255.255.255.0 geändert (diese Einstellung beibehalten)

- Aktivierten DHCP Server beibehalten (7)

- DHCP Adressbereich auf *192.168.10.20 - 192.168.10.200* ändern (8)

- Mit *Übernehmen* werden die Änderungen gespeichert (9).

Der DHCP Server des Routers ist nun so konfiguriert, dass alle verbundenen Endgeräte sich im selben Subnetz befinden, egal ob die Verbindung über WLAN oder LAN erfolgt. Des Weiteren werden die Adressbereiche 192.168.10.1 - 192.168.10.19 für lokale Geräte reserviert, wie beispielsweise 192.168.10.10, die lokale Adresse der Fritz!Box. Der WLAN Zugang ist werksseitig bereits vorkonfiguriert und mit einer Wifi Protected Access (WPA) Verschlüsselung gesichert. Benutzername und Passwort sind im Installationshinweis vermerkt. Zum eigentlichen Betrieb sind keine weiteren Einstellungen oder Änderungen an dem Zugang notwendig. Natürlich können der WLAN Zugang und die Verschlüsselung individuell angepasst werden.

3.2.3   Einstellungen VPN

Damit ein Rechner, der sich außerhalb des Netzwerkes befindet, per VPN mit lokalen Geräten des Netzwerks kommunizieren kann, müssen im Router entsprechende Freigaben und Weiterleitungen eingerichtet werden. Der Datenbankserver hat die feste IP Adresse 192.168.10.15 im Netzwerk.

- Aufrufen der Benutzeroberfläche mit *192.168.10.10*

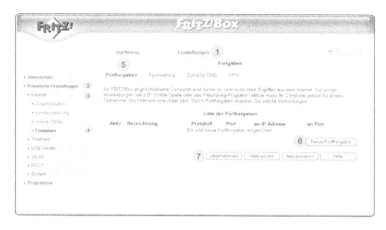

Abbildung 7: Übersicht Port-Freigaben

- Unter ⇒Einstellungen (1), im Menü ⇒Erweiterte Einstellungen (2), ⇒Internet (3) ⇒*Freigaben* (4) auswählen

- *Portfreigaben* wählen (5)

- Zur Erstellung einer Portfreigabe, *Neue Portfreigabe* auswählen (6).

- Eintreffende PPTP Verbindung müssen gezielt zu einem Rechner weitergeleitet werden, dazu muss der verwendete Port 1723 vom Router ins lokale Netz weitergeleitet werden (Port Forwarding). Abbildung 8 zeigt die Konfiguration für den Datenbank Server.

Abbildung 8: Port-Freigabe für VPN   **Abbildung 9:** Protokoll Freigabe PPTP

- Damit die Firewall den VPN Server nicht blockiert, sollte zusätzlich das vom PPTP verwendete Netzwerkprotokoll GRE (siehe Kapitel 2.1.2.1 GRE) für die Verbindung freigeschaltet werden. Dies ist in Abbildung 9 dargestellt.

• Mit *Übernehmen* werden die Eingaben gespeichert (7).

Abbildung 10: Übersicht aller Freigaben

Wie in Abbildung 10 ersichtlich, ist die Portweiterleitung für Port 1723, sowie die Freigabe für das von PPTP verwendete GRE Protokoll, nun für die Verbindung zum Datenbank Server erfolgreich freigegeben.

3.2.4 Dynamic Domain Name System

Erfolgt die Einwahl des Routers ins Internet, bekommt dieser vom Provider eine öffentliche IP Adresse zugewiesen, unter welcher der Router im Internet erreichbar ist. Einige Provider führen einmal täglich eine Zwangstrennung der Internetverbindung ihrer Kunden durch. Dies hat zur Folge, dass der Router nach der erneuten Einwahl, eine andere IP Adresse zugewiesen bekommt.

Das Dynamic Domain Name System (DynDNS) ist eine Dienstleistung, welche eine öffentliche IP Adresse unter einem Hostnamen abspeichert. Dazu muss zunächst beim Dienstleister DynDNS ein kostenloser Account eingerichtet werden.[31] Die Fritz!Box enthält eine Funktion, die automatisch, bei Änderung der öffentlichen IP Adresse durch den Provider, die geänderte IP Adresse dem Dienstleister mitteilt. DynDNS speichert diese unter dem im Vorfeld definierten Namen ab. So ist sicher-

---

[31] DynDNS (o.J.), passim[ ].

gestellt, dass der Router immer unter dem gleichen Namen im Internet erreichbar ist. Folgende Einstellungen sind durchzuführen:

- Aufrufen der Benutzeroberfläche mit *192.168.10.10*

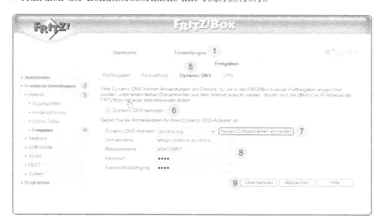

Abbildung 11: Dynamic Domain Name System einrichten

- Unter ⇒Einstellungen (1), im Menü ⇒Erweiterte Einstellungen (2), ⇒Internet (3) ⇒*Freigaben* (4) auswählen

- *Dynamic DNS* wählen (5)

- *Dynamic DNS benutzen* aktivieren (6)

- Mit *Neuen Domainnamen anmelden* (7) wird die DynDNS Internetseite geöffnet, unter der ein neuer Account angelegt werden kann.

- Benutzerdaten des angelegten DynDNS Accounts eintragen (8)

- Mit *Übernehmen* werden die Einstellungen gespeichert (9).

3.3 Einstellungen Client Seite

Der Aufbau einer VPN Verbindung ist seit Windows2000 ohne zusätzliche Software möglich, da die gängigsten Protokolle in den Windows Betriebssystemen integriert

sind.[32] Die nachfolgend erläuterte Vorgehensweise zur Einwahl eines Clients an einem VPN Server wird anhand der klassischen Menüansicht von Windows XP beschrieben.

- Im Startmenü unter ⇒Einstellungen ⇒Systemsteuerung ⇒*Netzwerkverbindungen* öffnen

- Im Menü Netzwerkaufgaben *Neue Verbindungen erstellen* auswählen (siehe Abbildung 12). Dies startet automatisch den Assistenten für neue Verbindungen (siehe Abbildung 13).

Abbildung 12: Neue Verbindung erstellen

Abbildung 13: Start Verbindungsassistent

- Netzwerkverbindungstyp ⇒*Verbindung mit dem Netzwerk am Arbeitsplatz* auswählen

- Verbindungsart ⇒*VPN-Verbindung* auswählen

- Im nächsten Step wird der Name der Verbindung festgelegt. Der Name ist nicht funktional abhängig und kann beliebig gewählt werden.

- Sind bereits mehrere Verbindungsmöglichkeiten bereits vorhanden, wird der Benutzer aufgefordert eine Anfangsverbindung auszuwählen. Da eine Verbindung über den Router erfolgt, sollte *Keine Verbindung* gewählt werden.

- VPN Serverauswahl ⇒Name des VPN Servers oder die IP Adresse des Servers eingeben, unter die der Server im öffentlichen Netz erreichbar ist. Hier: ebsproduktion.dyndns.tv. Alternativ kann auch die IP Adresse eingegeben werden, wenn der Router vom Provider eine feste IP Adresse zugeteilt bekommt. Welche Nachteile sich bei einer Änderung der IP Adresse des Routers ergeben und wie diese umgangen werden können, ist im Kapitel 3.2.4 Dynamic Domain Name System erläutert.

---

[32] Vgl. Microsoft (2008), passim[ ].

- Assistenten beenden

Werden keine zusätzlichen Angaben ge-
macht, wird vom Windows Betriebssystem XP Professional automatisch PPTP
als Verbindungsprotokoll zum Aufbau der
VPN Verbindung gewählt. Nach Beendi-
gung des Verbindungsassistenten kann das
Protokoll manuell geändert werden. Dazu
reicht ein rechter Mausklick auf die gerade
erstellte VPN Verbindung, die in den Netzwerkverbindungen unter ⇒Virtuelles pri-
vates Netzwerk aufgeführt ist. Unter dem
Reiter ⇒Netzwerk ⇒VPN-Typ kann in einem Pull-Down Menü ein anderes Protokoll ausgewählt werden (siehe Abbildung

Abbildung 14: Eigenschaften VPN Verbindung

14). Zur Herstellung einer VPN Verbindung mit PPTP sind auf der Client-Seite
keine weiteren Einstellungen erforderlich.

3.4 Einstellungen Server Seite

Auf der Server Seite wird ebenfalls Windows XP Professional als Betriebssystem
verwendet. Dadurch ist es auch auf der Server Seite nicht erforderlich, zusätzliche
Software für die VPN Verbindung zu installieren, da alle Protokolle im Betriebssystem integriert sind. Um einem Client die Einwahl über VPN zu ermöglichen,
ist das Starten des Verbindungsassistenten zur Erstellung einer eingehenden Verbindung notwendig. Wie der Verbindungsassistent gestartet wird, ist in Kapitel 3.3
Einstellungen Client-Seite unter Abbildung 12 ersichtlich. Ist der Verbindungsassistent gestartet, ist wie folgt vorzugehen:

- Netzwerkverbindungstyp ⇒*Eine erweiterte Verbindung einrichten* auswählen

- Verbindungstyp ⇒*Eingehende Verbindung zulassen*

- Geräte für eingehende Verbindung ⇒*Kein Gerät* auswählen, da eine vorhandene Verbindung verwendet wird.

- Firewall Einstellungen ⇒ *VPN Verbindung zulassen* auswählen, damit die Windows-Firewall direkt für eine VPN Verbindung konfiguriert wird.

- Benutzerberechtigungen ⇒Auswahl der zugangsberechtigten User. Es können bereits auf dem PC lokal eingerichtete Benutzer ausgewählt werden (siehe Abbildung 15) oder unter ⇒*Hinzufügen* neue User hinzugefügt werden (siehe Abbildung 16).

Abbildung 15: Benutzer hinzufügen   **Abbildung 16:** Neuen Benutzer hinzufügen

- Netzwerksoftware ⇒Das vorgeschlagene Internetprotokoll TCP/IP bestätigen. Als Default wählt Windows XP die automatische Zuweisung einer IP Adresse des Clients über das Dynamic Host Configuration Protocol (DHCP). Diese Einstellungen können bei Bedarf angepasst werden. Eine automatischen Zuweisung einer IP Adresse birgt immer das Risiko eines IP Adressen Konflikts. Ein Adressenkonflikt kann dazu führen, dass sich Client und Server zwar verbinden können, ein Datenaustausch allerdings unmöglich ist, da sie sich eventuell im selben Subnetz befinden, oder die zugewiesene IP Adresse bereits im Netzwerk vorhanden ist. Diese Fehlerquellen können ausgeschlossen werden, indem der IP Adressbereich vom DHCP Server manuell im Menü des Internetprotokolls TCP/IP vorgegeben wird.

  Damit Daten ausgetauscht werden können, sind die Datei- und Druckerfreigabe in der Aktivierten Defaulteinstellung zu belassen.

- Assistenten beenden

Auf dem Server ist nun unter ⇒Netzwerkverbindungen ⇒Eingehend ein neues Icon verfügbar, woraus sich erkennen lässt, dass die eingehende Verbindung erfolgreich erstellt worden ist (siehe Abbildung 17). Es wird ebenfalls angezeigt, ob momentan ein Client mit dem Server verbunden ist.

3.5 Verbindungsaufbau

Ein Verbindungsaufbau wird durchgeführt, indem auf der Client Seite in den Netzwerkverbindungen ein Doppelklick auf die erstellte VPN Verbindung erfolgt. Zunächst sind Benutzername und Passwort einzugeben, mit denen die Anmeldung am Server erfolgen soll. Dabei ist zu beachten, dass nur die Benutzer authentifiziert werden können, die auf der Server Seite (siehe Kapitel 3.4 Einstellungen Server Seite) bei der VPN Verbindungserstellung hinzu-

Abbildung 17: Eingehende Verbindung

gefügt worden sind. Selbst Administratorenrechte auf dem Server verhelfen nicht zu einer Verbindung, wenn diese nicht explizit als Benutzer in der VPN Verbindung aktiviert worden sind. Eine erfolgreich hergestellte Verbindung wird, wie in Abbildung 18 ersichtlich, durch die Beschriftung unter dem VPN Icon *Verbindung hergestellt* gekennzeichnet.

Abbildung 18: Verbindung erfolgreich hergestellt

Abbildung 19: Eigenschaften VPN Verbindung

Mit einem Doppelklick auf dieses Icon lassen sich unter Details alle Informationen der VPN Verbindung aufrufen. In den Details werden die IP Adressen vom Server und Client aufgeführt. Die häufigste Fehlerursache bei einer VPN Verbindung ist ein Konflikt im IP Adressbereich. Deshalb sollten die zu-

gewiesenen IP Adressen nach dem Aufbau der Verbindung immer sofort kontrolliert werden.[33] Sind im Menü keine IP Adressen aufgeführt, kann keine Datenkommunikation erfolgen, obwohl die Verbindung erfolgreich aufgebaut werden konnte. Sind vom DHCP Server gültige IP Adressen vergeben worden (siehe Abbildung 19), empfiehlt es sich, diese IP Adresse des Servers zu notieren, da sie zur Datenübermittlung angegeben werden muss. Es ist zwar ebenso möglich, über die Suchfunktion des Betriebssystems gezielt nach dem Server zu suchen, allerdings ist diese Alternative umständlich und benötigt mehr Zeit. Auf der Server Seite wird jede erfolgreiche Verbindung als separates Icon dargestellt. Das Icon enthält als Bezeichnung immer den Benutzernamen des Clients, der

Abbildung 20: Eingehende Verbindung Server Seite

sich aktuell mit dem Server verbunden hat (siehe Abbildung 20). Mit einem Doppelklick auf das Icon lassen sich in der Übersicht sowohl die Verbindungsaktivitäten, als auch Detailinformationen über den Status der Verbindung kontrollieren. In den Verbindungsaktivitäten werden der gesamte gesendete und empfangene Datenverkehr dieser Verbindung angezeigt. Ebenso lassen sich IP Adressbereiche, Verschlüsselungs- Authentifizierungsverfahren sowie weitere Verbindungsdetails ablesen.

---

[33] Vgl. Microsoft (2007), passim[ ].

3.6 Datenübermittlung

Damit der Client Daten vom Server abholen oder ablegen kann, müssen auf dem Server ein oder mehrere Verzeichnisse freigegeben werden, die der verbunden Client benutzen darf. Freigaben werden wie folgt erstellt:

- *Rechter Mausklick* auf das freizugebende Verzeichnis

- Unter ⇒Freigabe und Sicherheit das Menü der ⇒Dateifreigabe öffnen.

- Das Feld *Diesen Ordner im Netzwerk freigeben* sowie *Netzwerkbenutzer dürfen Dateien verändern* aktivieren (siehe Abbildung 21).

Abbildung 21: Freigabe eines Verzeichnisses

Abbildung 22: Fernzugriff auf Betriebsdaten

Das Betriebssystem schlägt bereits den Verzeichnisnamen als Freigabenamen vor. Dieser kann problemlos übernommen werden, so lange der Freigabename nicht länger als 12 Zeichen ist. Ältere Betriebssysteme können das Verzeichnis nicht anzeigen, wenn der Name mehr als 12 Zeichen enthält. Bei der Verwendung von Betriebssystemen ab Windows2000 bestehen diese Probleme nicht mehr, da alle zulässigen Verzeichnisnamen auch als Freigabenamen gültig sind. Auf der Client Seite kann von jedem Ordner auf die freigegebenen Ressourcen des Servers zugegriffen werden, indem in der Adresszeile, wie in Abbildung 22 dargestellt, die IP Adresse des Servers (\\192.168.0.33) eingegeben wird. Es werden alle verfügbaren Verzeichnisse, auf die der Client Zugriff hat, aufgelistet. Durch Anklicken des Verzeichnisses können Dateien angesehen, durch Drag and Drop verschoben, kopiert oder gelöscht werden. Der Zugriff der Daten ist, so lange die VPN Verbindung aufrecht gehalten

wird, möglich. Damit bei Fernzugriffen auf Serverdaten keine erneute Eingabe der IP Adresse erfolgen muss, können die freigegebenen Verzeichnisse als Netzlaufwerke eingebunden werden. Bei dieser Vorgehensweise empfiehlt es sich, bei der VPN Einrichtung auf der Server Seite eine feste IP Adresse zu vergeben, damit das verbundene Laufwerk auch bei einer erneuten Verbindung die gleiche IP Adresse hat. Bei der Verwendung des DHCP Dienstes zur IP Adressvergabe für Client und Server kann dies nicht garantiert werden.

4 Bewertung

4.1 Verfügbarkeit

Die Verfügbarkeit der IP VPN Verbindung hängt von der Zuverlässigkeit des Providers ab, der den Internetzugang zur Verfügung stellt. So lange eine Internetverbindung besteht, ist die VPN Verbindung verfügbar. Namenhafte Anbieter wie SOL-Net garantieren durch Kooperationsverträge mit anderen Providern und einer ISDN Backuplösung eine Mindestverfügbarkeit von 99,8%.[34]

4.2 Sicherheit

Sicherheitselemente sind Basisbestandteile jedes virtuellen privaten Netzwerks. Dass sogar Banken die VPN Technologie nutzen[35] macht deutlich, dass der heutige Stand der Technik den hohen Anforderungen an sichere Datenübertragungen entspricht. Mit einer Verschlüsselung von 128 Bit und einem entsprechend lang ausgewählten Passwort bietet PPTP ausreichend Schutz vor potentiellen Angreifern. Das modernere Protokoll IPSec bietet zwar eine höhere Sicherheit, wird aber noch nicht von allen Betriebssystemen unterstützt.[36]

4.3 Erweiterbarkeit

Die Erweiterbarkeit eines virtuellen privaten Netzwerks hängt von den verwendeten Komponenten und Software ab. Die Fritz!Box ist beispielsweise bei Verwendung des internen VPN Servers in der Lage 4 VPN Verbindungen gleichzeitig aufzubauen. Bei der Betriebsdatenübermittlung wurde PPTP verwendet, wodurch nur eine VPN Verbindung zulässig ist. Eine Erweiterung der VPN Verbindung ist hier nur mit zusätzlichen Komponenten möglich.

---

[34] Vgl. Solnet (o.J.), passim[ ].
[35] Vgl. Geldinstitute (o.J.), passim[ ].
[36] Vgl. Microsoft (2008), passim[ ].

4.4 Kosten

Virtuelle private Netzwerke über IP stellen eine kosteneffiziente Lösung im Bereich Vernetzung von Unternehmen dar. Dabei bestimmen der Internetanschluss, die verwendeten Komponenten, die Größe des Netzwerks sowie die Anzahl der VPN User wie kostenintensiv der Ausbau eines solchen Netzwerkes ist. Da das Internet als Transportmedium genutzt wird, fallen keinerlei Wartungs- oder Ausbaukosten der Leitung an, wodurch sich die verwendeten Komponenten sehr schnell amortisieren. Die Anzahl der Provider nimmt stetig zu, wodurch der Internetzugang und die dazu angebotenen Flatrates stetig günstiger werden.

Da fast alle großen Hotels ihren Gästen mittlerweile einen kostenlosen Internetzugang zu Verfügung stellen, steht vielen Außendienstmitarbeitern der Zugang zum entfernten Firmennetz kostenlos zur Verfügung. Dies zeigt wie effizient die Nutzung einer IP VPN Verbindung ist. Neben der eigentlichen Kostenersparnis bei der Verbindung zweier Netzwerke, lassen sich ebenso Lizenzkosten für Software einsparen. Einige Dokumente wie beispielsweise elektronische Zeitschriften, elektronische Bücher oder ganze Datenbanken konnten bisher aus lizenzrechtlichen Gründen den Mitarbeitern nur im lokalen Netzwerk des Hauptsitzes der Firma zur Verfügung gestellt werden. Mittels einer VPN Verbindung kann das lokale Netzwerk grenzüberschreitend um weitere Teilnehmer erweitert werden. Da sich die Mitarbeiter technisch im lokalen Unternehmensnetzwerk befinden, können keine lizenzrechtlichen Probleme auftreten.

4.5 Geschwindigkeit

Die Übertragungsgeschwindigkeit einer VPN Verbindung hängt von der vom Provider zur Verfügung gestellten Bandbreite des Anschlusses ab. Grundsätzlich wird aber nie die volle Bandbreite eines Anschlusses für eine VPN Verbindung zur Verfügung stehen, da die Verschlüsselung des Datenverkehrs über VPN die Performance geringfügig mindert.

5 Fazit

Im Rahmen der Hausarbeit konnte die Kernaufgabe, eine Betriebsdatenübermittlung per VPN Verbindung, erfüllt werden. Die verwendete Fritz!Box WLAN7270 unterstützt die dazu notwendigen Protokolle und umfasst außerdem zahlreiche Funktionen zur Vereinfachung der Verbindungsherstellung.

Trotz allen Standards und Vorschriften treten dennoch häufig Probleme bei der Vernetzung verschiedener Betriebssysteme auf.[37] Um Erweiterbarkeit und Flexibilität der VPN Verbindung sicherzustellen, sollte die Verbindung über den integrierten VPN Server der Fritz!Box hergestellt werden. Laut AVM[38] ist lediglich deren eigens für eine solche Verbindung entwickelten Software auf Client und Server Seite zu installieren. Die Software stellte sich als einfach bedienbar und benutzerfreundlich dar. Eine Verbindung zwischen Client und dem VPN Server konnte nach kurzer Einarbeitungszeit unmittelbar hergestellt werden.

Da diese Software lediglich als Betaversion erhältlich ist, war zur Zeit der Ausarbeitung nur eingeschränkter Datenverkehr zum Server möglich. Aus diesem Grund konnte die Kernaufgabe dieser Hausarbeit nicht über IPSec realisiert werden. Weitere Nachforschungen ergaben, dass die Verbindung unter Verwendung des internen VPN Servers, nur in dem Fall empfohlen wird, wenn zwei Netzwerke mit vorhanden Fritz!Boxen auf beiden Seiten verwendet werden.[39]

Da die Fritz!Box ebenfalls PPTP unterstützt, wurde die Kernaufgabe unter Verwendung dieses Protokolls erfolgreich umgesetzt. Hierbei sind keinerlei Nachteile zu verzeichnen, da nur ein Client pro Server auf die Daten zugreift, und so die Anforderungen vollständig erfüllt wurden.

---

[37] Vgl. Wintotal (2005), passim[ ].
[38] Vgl. AVM (2008), passim[ ].
[39] ebd., passim[ ].

A   Literaturverzeichnis

Literatur

[1] AVM: *Firmware-Update Download.* http://www.avm.de/de/Download/ index.php3?js=enabled, 2008.

[2] AVM: *VPN Service-Portal,Service, Infos & Download für alle VPN-Anwender.* http://www.avm.de/de/Service/Service-Portale/Service-Portal/ index.php?portal=VPN, 2008.

[3] BÖHMER, WOLFGANG: *VPN – Virtual Private Networks: Kommunikationssicherheit in VPN– und IP–Netzen über GPRS und WLAN.* Hanser, München, Wien, 2., überarb. Auflage, 2005.

[4] BUCKBESCH, JÖRG und ROLF D. KÖHLER: *VPN – Virtuelle Private Netze: Sichere Unternehmenskommunikation in IP–Netzen.* Fossil, 2001.

[5] COMER, DOUGLAS: *Computernetzwerke und Internets: Mit Internet– Anwendungen.* iInformatik. Pearson Studium, München, Bafög–Ausg. der 3., überarb. Auflage, 2003.

[6] DYNDNS: *Dynamic Domain Name System.* http://www.dyndns.com/, o.J.

[7] HOLZMANN, HANS: *Geldinstitute, Unabhängig von Zeit und Ort.* http://www. geldinstitute.de/data/beitrag/beitrag_1741924.html, o.J.

[8] HÖRETH, ULRIKE: *Global employment: Rechtsratgeber für internationales Personalmanagement.* Schäffer–Poeschel, Stuttgart, 2001.

[9] KONO, YASUSHI: *Check Point VPN-1 Power: Das umfassende Handbuch.* Galileo Press, 2007.

[10] LIPP, MANFRED: *VPN – Virtuelle Private Netzwerke: Aufbau und Sicherheit.* Addison Wesley in Pearson Education Deutschland, 2001.

[11] LIPP, MANFRED: *VPN – Virtuelle Private Netzwerke: Aufbau und Sicherheit.* Addison Wesley in Pearson Education Deutschland, 2006.

[12] MICROSOFT: *Microsoft Hilfe und Support.* http://support.microsoft.com/
default.aspx?scid=kb;EN-US;314076, 2007.

[13] MICROSOFT: *Mircorsoft Tech Net, Networking and Access Technologies.* http:
//technet.microsoft.com/en-us/network/bb545442.aspx, 2008.

[14] PLÖTNER, JOHANNES und STEFFEN WENDZEL: *Praxisbuch Netzwerk–
Sicherheit: Risikoanalye, Methoden und Umsetzung.* Galileo Press, 2007.

[15] SCHREINER, RÜDIGER: *Computernetzwerke: Von den Grundlagen zur Funktion und Anwendung.* Hanser, München [u.a.], 2006.

[16] SCOTT, CHARLIE: *Virtual private networks: [turning the Internet into your
private network].* O'Reilly, Beijing, Cambridge, Köln, Paris, Sebastopol, Taipei,
Tokyo, 2. ed. Auflage, 1999.

[17] SOLNET: *Solnet Internet & Solution Provider, VPN Verbindungen, Warum
VPN.* http://www.bse.ch/produkte/vpn/warum.html, o.J.

[18] STEIN, ERICH: *Taschenbuch Rechnernetze und Internet.* Hanser, Carl, GmbH
& Co., 2001.

[19] TRAEGER, DIRK H. und ANDREAS VOLK: *LAN: Praxis lokaler Netze.* Teub-
ner, Stuttgart, 3., vollst. überarb. und erw. Auflage, 2001.

[20] WINTOTAL: *WinTotal, das Windows-Portal, VPN mit Windows XP SP2.*
http://www.wintotal.de/Artikel/vpnxp/vpnxp.php, 2005.